MEMOIRE

DE LA

CAMPAGNE DES ARMÉES COMBINÉES.

DANS L'ANNE 1792.

A LONDRES:

CHEZ W. FADEN, GEOGRAPHE DU ROI, ET DE SON ALTESSE ROYALE
LE PRINCE DE GALLES, CHARING-CROSS.

1793.

A SON ALTESSE ROYALE

LE COMTE D'ARTOIS.

Monseigneur,

Comme plusieurs Plans de la Campagne de 1792 ont été faits par des notes tirées des gazettes, ou des rapports qui ont été mal compris, j'ay cru de mon devoir, de donner un Plan veritable des positions depuis le 20 Septembre jusqu'au premier Octobre, 1792 : j'y ay tracé la marche de l'Armée Royale de France jusqu'a Somme Tourbe, et sa retraite hors de France : je laisse d'apres cela, la liberté a chacun de former son opinion. J'ay pris la liberté de dedier le Plan a votre Altesse Royale ; et la prie de vouloir me croire, avec le respect le plus profond.

Monseigneur,

De Votre Altesse Royale

Le tres humble et tres
obéissant serviteur,

L'un des Aides de Camp de
votre Altesse Royale.

A 2

MEMOIRE, &c.

Apres la reduction de Verdun le Duc de Brunswick qui depuis le commencement de la campagne a constamment reglé les marches et la conduite de l'armée royale de France, sous les ordres de Monsieur, et de Monseigneur le Comte d'Artois, ces Princes reçurent *ordre* de mener toute la cavalerie Francoise, pour cooperer avec les armées Prussiennes et Autrichiennes dans les plaines de Champagne : jamais une troupe ne reçut d'ordre avec plus de joye : car au siege de Thionville, sous les murs duquel nous étions, la cavalerie ne pouvoit être d'aucune utilité. Elle partit le 10 Septembre d'Etange, et par plusieurs colonnes se rendit le 13 a Etain.

Le 14 a Verdun.
Le 15 sejour.
Le 16 a Dun.
Le 17 sejour.
Le 18 a Buzancy. } N. B. Notre destination etoit pour
Le 19 sejour. } Vouzier, mais le G^l Clairfayt y etoit.
Le 20 a Ste Marie, apres avoir fait douze lieues.
Le 21 a Suippe.
Le 22 a Somme Tourbe.

Ici nous trouvames la superbe armée du Duc de Brunswick, et celle des patriotes Francois, de la maniere que je vais expliquer par lettre alphabetique.

A. L'aile droite de l'armée Francoise appuyée a chaude fontaine, et commandée par Kellerman.

B. Centre de l'armée Francoise, entre Dommartin et Ste Menhould, commandée par Dumourier.

C. L'aile gauche de l'armée Francoise appuyée a la droite vers Dampiere, et sur Gizancour a la gauche ; commandée par Valence.——Chacune de ces divisions etoit supposée, se monter a vingt mille hommes.

D. Batterie erigée par les Francois sur les hauteurs de Gizancour, pendant les dix jours que le Duc de Brunswick les laissa tranquilles : car ils prirent cette position après la cannonade du 20, quand l'armée du Roi de Prusse occupa leur camp, et dormit a la Lune.

E. Batterie erigée par les Prussiens a cheval sur le grand chemin près de la Lune, pour repondre a la batterie D. : mais, ne fut jamais finie, et n'etoit monté que par des pieces de Campagne : la batterie Francoise avoit des gros cannons.

F. Batterie Prussienne commandant le chemin de Chalons.

G. Armée du Prince Hohenloe Prussien faisant l'avant garde de l'armée combinée : bordant le grand chemin, a la jonction du chemin de Rheims et aupres de la Lune.

H. Armée du General Clairfayt.

J. Grande ligne de l'infanterie Prussienne sur le sommet d'une montagne.

K. Cavalerie Prussienne.

L. Park d'artillerie Prussienne.

M. Poste Prussien sur une petite montagne commandant le camp
du Roi a Hans.

N. Poste Prussien sur une seconde montagne, et commandant
le camp du Roi a Hans.

O. Poste avancé de l'armée Prussienne vers la plaine de Valmy.

P. Batterie Prussienne a l'extremité de l'aile gauche de l'infanterie Prussienne, et commandant la plaine vers Valmy.

Q. Hans: quartier general du Roi de Prusse.——Le nombre
de cette armée je ne puis dire: mais les Francois ne se
vantoient que de soixante mille.

R. Quatre cent gendarmes, et cent hussards de l'armée royale
de France, sous les ordres de Mr. d'Autichamp ; le Roi de
Prusse et le Duc de Brunswick demanderent cet officier
nominalement. On verra par la position, que ce poste etoit
le plus perilleux de l'armée : et que les autres postes de l'armée royale de France couvroient toute l'armée combinée
des incursions de l'ennemi, soit par Rheims ou par Chalons.

S. Quartier general des Princes.

T. Cantonnement d'une partie de l'armée royale de France.

V. Cantonnement des gardes du corps, et autres troupes de l'armée royale de France.

Y. Companie des chevaux legers de l'armée royale de France,
qui furent sept jours sans cannons, n'y infanterie, a la
distance de cinq lieus du moindre secours.

X. Avant garde de l'armée royale de France, sous les ordres de
Mr. de Jaucourt.

Z. Armée Autrichienne, sous les ordres du Prince de Hohenloe
defendant les islettes.

Telle etoit, et telle fut la position des armées depuis le 22 7ᵇʳᵉ que l'armée royale de France arriva a Somme Tourbe, jusqu'au 1ᵉʳ d'8ᵇʳᵉ qu'elle en partit. L'armée du Duc de Brunswick etoit dans la plus parfaite securité, ayant une position inaccessible, et dans une plaine, sans bois, riviere ou ravin, où son armée pouvoit se déployer, et profiter des hauteurs qui commandoient partout les endroits par ou Dumourier pouvoit attaquer : mais *inferieur* en nombre, et surement en discipline, cet officier ne pouvoit songer a attaquer l'armée combinée : il n'en etoit pas de même de l'armée Francoise : l'aile gauche commandée par Mr. de Valence etoit absolument en l'air, et tres decousue. La batterie D. étant sur la pente de la montagne vers la Lune, et le pays étant partout ouvert, il etoit tres aisé par l'ancien camp du Roi de Prusse, de prendre le flanc de Mr. de Valence, et sa division eut été defaite, avant que Dumourier, n'y Kellerman eussent pu venir a son secours. Ceci etoit l'opinion des officiers les plus experimentés : mais, sans que personne ait pu en *deviner* le motif, (car, il n'est jamais entré dans la tête de qui que ce soit d'en *donner* la raison) le fait est, que le premier d'Octobre, 1772, toute l'armée combinée decampa, sans avoir fait un mouvement.

Le 1ᵉʳ 8ᵇʳᵉ l'armée royale de France fut a Somme Pi.

Le 2, elle fut a Vouzier ou elle sejourna le 3. Ce jour l'armée du General Clairfayt passa l'Aisne, au dessus de Vouzier, et campa cette nuit a coté de nous. N'ayant plus de troupes sur la rive gauche de l'Aisne, il fut jugé apropos de passer les baggages de l'autre coté du pont. Cela fut fait, et les baggages prirent la route de Stenay par Buzancy. Mais, a la Croix au Bois, ils furent harassés par les Patriotes, et ne furent sauvés que par la protection du General Clairfayt.

Le 4, l'armée se mit en marche, et passant par le chesne le Pouilleux. Le quartier general fut etabli a Siy ; et l'avant garde a Stone.

Le 5, on sonna a cheval juste a six heures, et les differentes colonnes s'etoient rassemblés sur la chaussé conduisant a Stone, quand on aperçut une troupe inconnue a une petite distance du chemin. Elle etoit composée de deux escadrons, et deux companies d'infanterie, ayant deux pieces de cannons que cachoient une haye ; ce ne fut que par la decharge du cannon que cette troupe fut reconnue pour l'ennemi : alors, un tres petit detachement des regiments de Dillon, de Walsh, et de Berwick, se porterent en avant, tandisque la cavalerie fit un mouvement sar la gauche pour tourner la montagne. Voyant cette manœuvre, l'ennemi se retira, et s'enfonçant dans les bois de Mont Dieu, la colonne continua sa route ; ils tirerent quatorze coups, et tuerent trois chevaux, sans blesser un seule homme.

N° 1 et 2, representent les deux troupes qui attaquerent l'armée royale de France, et N° 3, des deux pieces de cannons.

Arrivés a Stone nous trouvames l'avant garde arretée ; comme dans la plaine, tous les bords du bois de la Besace etoient garnis de troupes. Le grand chemin etoit presqu'a portée des coups de fusils, et comme nous venions d'essuyer quelques coups de cannons, il etoit possible qu'il y eut des batteries masquées : Mr. le Marechal de Broglio jugea apropos, avant de mettre la colonne en mouvement, de s'assurer du bois. Il fit marcher une partie de la brigade Irelandoise qui y penetrerent, tambour battant de la maniere la plus vailante.

N° 4, designe la brigade, et N° 5, les Patriotes. Au meme moment Mr. le Marechal fit marcher deux escadrons de la gensd'armerie sous les ordres de Mr. d'Autichamp, designés par N° 6, et un cinquantaine d'hussars, N° 7.

A l'aproche de nos troupes, selon leur coutume, les Francois rentrerent dans le bois, ou la brigade en tua quelques-uns : mais la cavalerie les attrapa au debuché ; on en tua en tout a peu pres vingt, et on fit le même nombre de prisonniers : Mr. de la Porte, aide de camp du General d'Autichamp, y perdit la vie : il fut tué par un homme a qu'il venoit defaire grace de la Sienne.

Apres ces petits evenements l'armée arriva sans autre interruption a Stenay, on elle sejourna le 6. Ce jour le General Clairfayt, qui de Vouzier vint par Buzancy, arriva a Stenay, avec une grande partie de son artillerie.

Le 7, l'armée et tous les baggages prirent la route de Marville, et quoique nous passames a une lieue de Montmedy, nous n'eprouvames aucune difficulté.

Le 8, l'armée arriva a Longuion, on elle fut obligée de sejourner le 9 : car, sans songer a la necessité de pourvoir a nos besoins, on avoit rempli la ville de Longwy de Prussiens et de malades.

Le 10, l'armée vint a Longwy ; et comme de la elle sortit de France je ne la suivray plus.

De l'armée combinée je n'en traceray pas la route : je diray seulement que le 3, l'armée du General Clairfayt campa pres de Vouzier, et ce même jour le Roi de Prusse coucha a deux lieues de cette ville, et son armée fila le lendemain vers Grandpré ; prennant par differentes colonnes le chemin de Longwy, ou ainsi qu'a Verdun il capitula, quoique tout le monde doit sçavoir, que ce ne pouvoit être, par necessité, puisque son armée etoit d'autant plus superieure, que Dumourier avoit emmené son

armée vers les Pays Bas ; Mr. de Valence, observoit l'armée
du General Clairfayt, ainsi, l'armée Prussienne n'etoit poursuivie
que par la division de Kellerman.

Le temps pourra nous instruire !

Ayant posté les armées selon leur emplacement depuis le 22,
jusqu'au jour du depart, avant de porter les yeux de ceux qui
parcourront cette carte, sur la retraite d'une si belle armée,
qu'il me soit permis de faire deux observations : la premiere est
une demande ; pourquoi Mr. de Brunswick, dont l'intention etoit
d'empecher la jonction de Kellerman avec Dumourier, a-t-il suivi
ce dernier qui n'avoit pas vingt mille hommes, et que Mr. de
Clairfayt, qui occupoit Buzancy, pouvoit facilement tenir en
echec, ou lieu d'aller a la rencontre de Kellerman qui s'avan-
çoit a grand pas vers Bar le Duc et Vitry, et que Mr. de Brunswick auroit devancé, s'il en avoit pris le chemin, au lieu de se
forcer un passage par Grandpré. Si Chalons étoit le but, la
distance n'etoit pas plus grande, et le chemin de Bar est une
grande route, et alors denuée de troupes Francois ; par Grandpré, il avoit vaincre une ennemi, foible a la verité, mais maitre
de postes avantageux et difficiles a gagner, et des chemins
execrables, montueux, et étroits : Je demande pourquoi cette
preference ? Mais, puisque le Duc a pris a droite, je voudrois
être instruit par quelle raison, il ne s'est pas premierement
rendu maitre des grande islettes : il en a bien senti la conse-
quence, car le 17 Sept^bre les Hessois ont voulu prendre le poste
de Biesme, et ils furent repoussés ; ils revinrent a la charge le
20 avec un plus grande nombre, et assistés par un fort detachement de l'armée de Hohenloe, et ils furent encore re-

poussés :* comme personne ne peut me repondre, je presume que le Duc de Brunswick avoit tracé la route de Dumourier vers Chalons, ou Luckner etoit sensé avoir un corps de reserve, pour le soutenir dans sa retraite : je suis même persuadé que c'etoit l'intention de Dumourier ; mais, la frayeur avoit saisi ce grand general, quand son avant garde a Grandpré fut attaquée, et mise en fuite, (comme il paroit par les ordres du General Dillon a Ste Menhould le 15, et les mesures qu'il prit le 16 pour arretter les fuyards) car il envoya courier sur courier a Luckner et aides de camp sans nombre au General Dillon pour lui demander du secours : ce dernier lui envoya le 13, 2400 hommes, dont 740 cavalerie, et la moitié d'une compagnie d'artillerie. Mais, Luckner lui mandit qu'il avoit envoyé a Kellerman tout ce qu'il y avoit a Chalons, et ce qui etoit venu de Rheims, tant on etoit convaincu, que l'armée Prussienne viendroit par Bar le Duc :—*sic fata voluerunt :*—de-là la cannonade de Grandpré, et celle de Lune, et le manque de vivres au camp de Hans. Mais Dumourier, qui certainement ne se flatoit pas de faire sa jonction avec Kellerman sur les bords de l'Aisne, mais, se fut trouvé trop heureux s'il eut pu obtenir cet avantage sur ceux de la Marne, n'avoit pas negligé quand il s'aperçut du mouvement des Prussiens vers Grandpré, d'envoyer saisir le poste des islettes,

---

* Les Francois conviennent qu'ils n'ont occupés le poste de Biesme que le 5 7bre. Et le Roi de Prusse ayant possession de Clermont, et nul ennemi devant lui eut peu l'occuper le 4, par ce moyen il se fut trouvé maitre de Ste Menhould, au lieu qu'il fut le 20 seulement a sa hauteur, et pour cela il en couta l'affaire de Grandpré, la cannonade de ce jour a la Lune ; Kellerman et Dumourier effectuerent leur jonction, et il fallut toute la force de l'armée de Hohenloe et des Hessois, pour empechér les convois de l'armée combinée d'etre intercepté par leur derieres.

et cette *bevue* de la part de l'armée combinée a été la seule cause de tous nos malheurs : la lenteur avec laquelle les Prussiens poursuivirent Dumourier, qui apres avoir passé l'Aisne, s'il eut été poursuivi eut été par Suippe a Chalons, aprit l'aproche de Kellerman a Ste Menhould, ainsi, il cotoya la rive gauche, et campa a la Lune, d'ou le Duc de Brunswick le fit decamper le 20, par la fameuse cannonade de ce jour, mais, il se porta a Domartin, on il se joignit a Kellerman et Valence (voyes) A. B. C. et soutenu par le poste de Biesme, inattaquable par Hohenloe.

Pour venir a ma seconde question : je dois prier l'observateur de fixer les yeux sur la position, et de convenir que l'armée Francoise ne pouvoit recevoir ses convois que par le chemin de Vitry : alors je demande pourquoi le Duc de Brunswick, qui avoit l'armée de Clairfayt forte de dix-huit mille hommes, qu'il tenoit dans l'inactivité, celle du Prince Hohenloe Prussien bordant le chemin a la Lune, la cavalerie de l'armée royale de France, la plus belle qui fut jamais, et qui sans fusils, cannons, n'y infanterie, etoit exposé nuit et jour a un coup de main de Chalons, Rheims ou Rhethel, pourquoi dis-je ne se servit-il pas de ces armées pour prendre poste au chemin de Vitry ? par ce moyen on eut intercepté les vivres de l'armée Francoise, qui eussent tourné au profit de l'armée combinée, et Dumourier et son armée fussent morts de faim, ou eussent mis bas les armes. Par des lettres officiales de Servan, qui sont publiques, malgré la fanfaronade de Dumourier, qui se vante d'avoir mené le Duc de Brunswick par un plan projetté dans ce coin de la Champagne, il paroit qu'il craignoit tout, et avec raison ; et qu'au lieu d'être dans l'abondance comme il se vantoient, ils avoient a peine du pain, puisqu'il leur venoit de Sedan, et que de leur aveu, l'armée du poste de Biesme composée de 7000 hommes, depuis un renfort fourni par Kellerman, n'a subsisté que de pommes de terres pendant huit jours : et cette même armée fit bombance avec quatre bœufs tués pour les Hessois, le 2 8bre a Beaulieu. Ils etoient convaincus que leurs convois seroient interceptés. Cette manœuvre etoit si naturelle, que Dumourier, Kellerman, Dillon et Luckner dans leurs camps separés, s'y attendoient, et ne pouvoient l'empecher. Par quelle fatalité le Duc de Brunswick fut il le seul qui ne le vit pas, ou le voyant ne voulut pas s'en prevaloir.

Pour augmenter la surprise, et faire le contraste du manifeste du Duc de Brunswick, je ne puis faire mieux que de tracer sa conference du 8 Octobre tenues sous la montagne de St Barthelemi, a une demie lieue de Verdun, entre le Duc de Brunswick, Kalkreuth, Galbaud et Labroliere : la capitulation de Verdun, ou rien ne fut stipulé pour les malheureux, qui par maladies ou autres raisons ne purent se sauver, et qui au nombre de dix et sept furent " *guillotinés :*" et enfin la sommation et la redition de Longwy. Je ne m'attends pas a être dementi, quand, a cette retraite, et l'abandon de conquêtes, au prix de tant de sang, j'attribue pour la Maison d'Autriche, la perte des Pays Bas, l'invasion des Electorats de Treve et de Mayance, la contribution de la ville de Francfort, l'infraction des traités a l'egard de l'Escant, et par ce dernier trait, la guerre ou l'Angleterre et la Hollande se verront entrainés. Je prevois mille maux ; mais surtout je predis que le Duc de Brunswick, par son generalat et sa politique, a creusé le tombeau de Louis Seize ; Dieu, veuille que je sois un faux Prophete !

FIN.

9 782329 173375